शून्य से ...

अनुराग परिहार

Copyright © 2024

Anurag Parihar

claims for loss or damages of any kind, including without limitation, indirect or consequential loss or damage arising out of use, inability to use, or about the reliability, accuracy or sufficiency of the information contained in this book.

Made with ❤ on the Notion Press Platform

www.notionpress.com

क्रम सूची

1.समर्पण

ये पुस्तक सर्वप्रथम में देवाधिदेव गुरुदेव महाकाल को समर्पि त करना चाहता हूँ , जो स्वयं शून्य है और इन कविताओं का उद्भाव भी उन्ही की प्रेरणा से हुआ है|हर कवि , अगर वो सच्चा कवि है , तो वह ये भली भाँती जानता है की वो स्वयं सिर्फ एक माध्यम है महादेव शिव ने मुझे एक माध्यम बनाया में उनका आभारी हूँ और नतमस्तक हूँ|

इसी के साथ ये पुस्तक में अपनी कुलदेवी माँ देवल को   भी समर्पित करना चाहता हूँ , उनका आशीर्वाद और अनंत प्रेम सदैव हम पर बना रहे|

आखिर में मैं ये पुस्तक अपने परिवार और मित्रों को समर्पित करता हूँ , विशेष रूप से मेरे माता-पिता को जिन्होंने मुझे आज़ादी दी की मैं अपने ख़याल से जियूं |

2.भूमिका

कविताओं का उद्भाव कहाँ से होता है , इसकी खोज की जाए तो कोई उत्तर नहीं मिलता, बस एक गहन मौन मिलता है | यही एक कवि की विडम्भना है , उसके पास कवितायेँ तब नहीं आती जब वो चाहता है , वे आती है जब वो मौन कभी उसे अनजान क्षणों में घेर लेता है और फिर वो कविता स्वयं ही खुद को लिखती है |

यदि आप कभी किसी कलाकार से मिलेंगे और उस से पूछेंगे की उसकी श्रेष्ठतम   कृति कौनसी है , तो वो कहेगा की कोई भी कृति उसकी नहीं है , वो बस एक माध्यम है जिसके द्वारा प्रकृति ने वो कृति आशीर्वाद स्वरुप प्रदान की है | कई कलाकार इसी जद्दोजहद में होते है क्यूंकि कई बार वे ये महसूस करते है की वे जो लिख रहे है या बना रहे है उसमे कितना सत्य है और कितना असत्य , सत्य वो जो मौन से आया और असत्य वो जो मन से आया |

करीब १२ वर्ष पहले मैंने कविता लिखना शुरू किया जगजीत साहब की गज़लें सुनकर , प्रेरणा वहीँ से और अनजाने एक बिजली सी कौंध गयी की मेरे हृदय में भी कुछ अनकहा है जो कागज़ पर उतारना चाहता हूँ , ये प्रेरणा वही से जन्मी | पर लेखन नहीं आता था , अब भी नहीं आता , बस जो हृदय में आता है वो लिख देता हूँ| लिख कर फिर जब दुबारा पढ़ने

जाता हूँ तो लगता की नहीं ये मेरे द्वारा लिखित नहीं है यही मेरे लिए प्रमाण होता है की जो लिखा है वो सत्य है पूर्ण है|

ऐसी कई कविताएं है जिन्हे लिखने में वर्ष बीत गए, कुछ पंक्तियाँ आयी और फिर वही ठहर गयी , कुछ कविताएं एक ही समय में पूरी लिखी गयी और पूर्ण हो गयी , अब भी कई कविताएं अधूरी है पर जो पूर्ण है वो आपके सामने है | आशा करता हूँ जिस तरह मुझे ये कविताएं लिखने का आनंद प्राप्त हुआ वही महादेव शिव आपको भी इन्हे पढ़ते समय प्रदान करें |

धन्यवाद
अनुराग परिहार

1.आरम्भ

कई ग़मों का किया है सामना लेकिन,
इक ग़म ये ज़िम्मेदार होने का जाता नहीं,
कई दफा की कोशिशें मैंने अथक,
मुझे आवारा बनना भी आता नहीं,

शौकों की ख़ाक लिए हृदय में,
ख्वाहिशों का तर्पण करता हूं,
मस्तिष्क के निरंतर कोहराम से,
हर रात में युद्धरत रहता हूं,

कुछ बातें हैं, जो मैं भुला देना चाहता हूं,
कुछ यादें हैं, जिन्हें मैं जला देना चाहता हूं,
आधे अधूरे किस्से है, ना जाने कब के बीत चुके,
मैं फिर इक बार उन लम्हों को,
गहराई से जीना चाहता हूं,

पर समय जो ये गतिमान है,
कब देता ये विश्राम है,
की मंथन भावनाओ का हो पाए,
सब टूट बाहर बिखर पाए,

तो हवन करें अब श्रृष्टि का,
आवाह करें उस दृष्टि का,
तन मन बुद्धि जो पार है,
सब मौन अनंत अपार है,

क्या समय वहां कुछ ज्ञान नहीं,
न ब्रम्हा है कोई नाम नहीं ,
सर्वस्व मौन शिव जहां सार है,
दृश्य मृत्यु मुझे अब स्वीकार है

2.आकांक्षा

अल्फाजों से भी आगेका जहां जहान हो ,
मेरे इश्क की हकीकत वहीं बयान हो ,

विरह की अग्नि सा झुलसता वो समां हो,
सदियों से करता हूं प्रतिक्षा तुम कहां हो,

तेरी यादों के पार जो मौन अगाध हो ,
मेरा संपूर्ण अस्तित्व उसी में व्याप्त हो,

तुझमें ही रमता वो छलिया मुझे प्राप्त हो ,
स्वयं का भान रख पाऊं, ना मुझसे ये अपराध हो ,

चांद की ज्वाला में जलता हृदय मेरा शांत हो,
चिता की अग्नि में खाख हो मोक्ष मरणांत हो,

तेरी रूह से मेरी रूह सर्वस्व आक्रांत हो ,
अंत सुलभ यही मुझे अत्यंत प्रिय , अब कालांत हो|

3. लफ़्ज़

कुछ लफ़्ज़ लिखने का ख़याल आया,
आज फिर उसकी यादों का सिलसिला छाया,
मुझे याद है आज भीवो पल जहां ,
उसकी मुस्कान में ही मैंने पैग़म्बर को पाया,

दरवेश सी घूमती मेरे आँगन में ,
मेरी रूह को रोज़ वो महकाती है ,
मेरे हाथों की लकीरों को पढ़ कर वो,
मेरी किस्मत की हँसी उड़ाती है ,

कभी बारिश मे भीगती गुलाब सी ,
कभी सूर्य की रोशनी पीजाती है ,
चाँदनी का ही स्वरूप है वो ,
पर ज़मीन से जुड़ी पर्ण पाती है ,

लफ़्ज़ उसे मैं कैसे दूँ ,
जो लफ़्ज़ों के परे जा बैठी है ,
प्रेम उसका क्या बयाँ करूँ,
जो प्रेनपूर्ण हो कहती है ,

मैं नहीं अब तुम ही तुम हो ,
तुमसे ही है मेरा ध्यान ,
तुम ही तो हो वो कृष्ण मेरे ,
तुम्ही हो जीवन प्राण |

4.वो शाम

पतझड़ के दिनों का वाकया है ,
क्षितिज पर जब सूरज ढलने को ही था ,
तुम देख रही थी पंछियों को घर जाते ,
और मैं तुम्हें देखा तो घर पा गया ,

मुस्कुरा के तुमने पूछा ,
ये पंछी घर क्यूँ जाते हैं ,
क्यूँ नहीं मुक्ताकाश में ही ,
विचरण करते खो जाते हैं ,

खोना मैंने सीखा तुम में ,
कैसे उत्तर दे पाता ,
घर ही मेरा मुक्ताकाश हुआ ,
कैसे तुम्हें ये बतलाता ,

हँसते हुए तुमने चुटकी बजा ,
दिवास्वप्न से मुझे निकाला,
समन्दर का पानी अंजुली मे भर,
तुमने आसमाँ की और उछाला,

बूँदें वे तारे बन ,
आसमाँ मे छा गई ,
रात की नयी चादर ओढ़ ,
चाँदनी फिर आ गयी ,

रेत पर टहलते घर को निकले ,
वो रात बड़ी सुहानी थी ,
तुमसे आरंभ अंत तुम्ही पर ,
मेरी इतनी ही कहानी थी

5. माझी

ना खोया ना पाया उसे ,
बस इक याद बनाया उसे ,
रूहानी लम्हों मे रचा-बसा ,
इक भूलते से ख्वाब सा पाया उसे,

बहते इश्क़ मे झिलमिलाती,
रोशनी सा गुम है वो ,
इक मुस्कुराहट भीगी सी ,
होठों की नमी बनाया उसे ,

दिल के एहसासों मे बहता-घुलता ,
खामोश रात का नाद है वो ,
अनकहे को लफ़्ज़ दिए ,
इक ग़ज़ल बनाया उसे ,

कोहरे के आगोश मे खोया,
फिज़ा मे गुम रंग है वो ,
फूल खिले इनायत हुई ,
ओस की बूँदों मे पाया उसे,

ना खोया ना पाया उसे ,
बस इक याद बनाया उसे|

6.बूँद

समय के समन्दर से बूँदे चुराता हूँ,
मैं हर इक पल एक ख्वाब जलाता हूँ,

उड़ जाती है बूँदे वो हवा बन कर बहारों मे,
देखता हूँ उन्हे और खुद को ये समझाता हूँ की,

बादलों मे कैद हवा वो पानी जब बन जाएगी,
फिर वही नयी बूँद बन नया अंकुर उगाएगी ,

बशर्ते उम्र मेरी थोड़ी और बढ़ जाएगी ,
बूँदें पर ये सागर की खत्म ना होने पाएगी,

जन्म अनेक ख्वाब अनंत सागर अगाध खोजा है,
फिर भी मिट्टी से महक आने का राज़ बड़ा अनोखा है,

तपती मिट्टी पर बूँदें वो एहसास नया महकाती है ,
याद बिछड़े सागर की हर दम वे दे जाती हैं,

खोजता हूँ पथ वही शबनम से सराबोर,
ढूंढता हूँ पत्तों पर झिलमिलाती बूँदें वो ,

ज़ख़्म हो नए सपनों के हर रात सुहानी होती है ,
दर्द गहरा आँखों की गहराई बयाँ कर जाती है,

झड़ते पत्तों की सरसराहट हवा मे खो जाती है,
अनंत जीवन के अनुभवों का सार प्रत्यक्ष होता है,

झोंके हवा के ठंडे ये अपने अपने से लगते हैं ,
हाथों से सिर को सहलाते अनंत की खबर देते हैं,

पुकारने पर ज़ोर से भी आवाज़ नहीं वो आती है,
अनसुना करता था रूदन जो है वहीं कहीं वो,

जलती चिता की दहकको बूँद बुझा ना पाती है ,
जीवन मे वही बूँद कभी अमृत भी बन जाती है,

राख उड़ा ले जाती हवा वो साँसों मे भी आती है,
चिता जलाती अग्नि ही ग्यान का दीया बन जातीहै ,

बूँदें टपकती है आँखो से प्यार तुमसे हो जाता है,
सागर प्रेम का दिव्य वो बूँद मेसिमट जाता है|

7.विस्मृत

अस्तित्व का ही सार महसूस हुआ ,
जो तुम्हारी साँसों की गहराई छानि,
प्राप्त हुआ शून्य ही मुझे ,
जैसा की वादा तुमने किया था ,

क्या पाते हो मुझसे तुम ?
हर समय पूछा करती थी नज़रे तुम्हारी ,
कुछ नहीं पाओगे मुझमे तुम कहती ,
कुछ नहीं ही पा गया हूँ मैं अब तुम मे .

ग़ज़ल सी उदास आँखें तुम्हारी ,
समन्दर समेटे बैठी है ,
मंथन हृदय का हो जाने दो ,
जो समंदर है कैद, बह जाने दो ,

नीर तुम्हारी आँखों का ,
अनंत समाए गंगा है ,
प्रवाह अथाह बहा कर तुम ,
शिव समर्पित हो जाने दो ,

सितारों की और टकटकी लगाए ,
विचारों की आंधी मे गुम हो कहाँ ,
ब्रम्हांड तुम्हारी संरचना का ,
छोटा ही तो हिस्सा है ,

ज्वाला अपनी भुला चुकी ,
क्या याद नहीं वो पल तुम्हें ?
अग्नि निर्मित करके तुम्ही ने ,
सूर्य को जीवन दिलाय था ,

गहन अन्धकार मे शाश्वत तुम,
सन्नाटे मे घुला नाद हो ,
इक ओंकार अनंत समाए,
कालातीत शून्य असाध हो ,

शब्द ब्रम्ह मे निहित वाणी ,
शव को शिव बनाए वो प्राण हो ,
प्रकृति मे व्याप्त अहम समेटे,
काल अत्यंत विराट हो ,

विष्णु की गहन योगनिद्रा,
ब्रम्हा का ब्रम्ह ग्यान हो ,
गर्भ में जीवन ज्योतिसमाये,
मेरी समाधि मे शाश्वत ध्यान हो ,

ज्वालय ज्वल प्रज्ज्वल प्रज्ज्वल ,
अग्नियों मे निहित ताप हो ,
चंड मुंड विनाशिनी,
नृत्य करती कालरात्र हो ,

ज्योति का प्रारंभ तुम ,
ब्रम्ह मे पदार्थ का अज्ञान हो ,
मोह माया का बंधन तुम ,
मोक्ष प्रदाता विग्यान हो.

आदिशक्ति मेरी तुम ,
सर्वज्ञ ही विद्यमान हो ,
मुस्कुरा दो अब तो प्रिये ,
तुम्ही मेरे जीवन प्राण हो |

8. आशा

याद आई है इक अर्से बाद उन्हे हमारी ए साक़ी,
ज़रूर किसी दर्द की आज़माइश के तलबगार होंगे,
तू ले चल मुझे इस सागर के उस पार,
ना जाने कब ये खोखले किस्से फ़ना होंगे,

ख्वाब मे देखा था तुझे इकतारा लिए,
दरख्तों के बीच बैठा तू गाता था,
बाहर आ इस ख्वाब से मेरेयार-ए-इलाही,
ये कैसा मखौल मेरा तू उड़ाता था,

अब ले चल मुझे तू अलकुफा के किनारे,
जहां इश्क़ खुद ही से ज़िंदगी सँवारे,
अस्सलाम से कुछ गुफ्तगू हो,
रेत के दरिया मे फूल उतारे|

9. इश्कबाज़ी

रात राज़ी है ,
इश्क़ नवाज़ि है ,
बादलों से घिरी चांदनी सी ,
मेरी रूह भी प्यासी है ,

ज़र्रा-ज़र्रा आकुल है ,
तेरी ही महक को व्याकुल है ,
तेरे आगोश मे ही होशोहवास़ है ,
पीर कहते है यही इश्क़बाज़ी है ,

ये शमा की इक कहानी है ,
हर सहर जो सिफर हो जानी है ,
जो छू ले तू इक दफा मुझे ,
ये शमा वहीं खो जानी है ,

ये मेरी जो अल्हड़ नादानी है ,
हर काफ़िर की यही निशानी है ,
काबे के पत्थर मे खुदा क्यूँ खोजूं ,
तेरे इश्क़ में ही खुदा की रवानी है |

10. जीवन

खोए लम्हों की भटकती रूहों का,
ताना बाना ही तो जीवन है,
फासलों मे उलझे प्रेम कठिन को,
खोकर पाना ही तो जीवन है,

मृत्यु का आखेट अनल है
खिल जाए तो ब्रम्ह कंवल है,
तपती रेत पर प्रेम मधुर को ,
लिखते जाना ही तो जीवन है

कोख से कब्र का कारवां अनंत है,
शोर मे मौन की खोज ज्वलंत है,
ग्यान सर्वस्व सीख भूल कर,
शून्य पा जाना ही तो जीवन है|

11.अलिखित पाती

इक अरसा हुआ है तुमसे बात किए,
ना जाने क्या-क्या बीत चुका,
आँखों मे कई अफसाने लिए,
तुम बैठी हो अब भी इंतज़ार मे,

ना जाने कौनसे लम्हों मे,
यादों ने तुम्हारी पत्तों को झकझोरा,
हवाओं पर लिखे खत तुम्हारे,
पत्तों ने बाँचे, साझा किए,

झरोखे से तुम्हारे, झांकते चाँद ने ,
वीरह मेरी भी गायी तो होगी,
बारिश की बूंदों ने छू के तुम्हें,
पैगाम मेरा भी दिया ही होगा,

बोझल आँखों से निहारती तुम,
खातों की स्याही भिगोती हो,
चाँदनी मे अपनी कलम डुबो कर,
अनकही भी लिख देती हो ,

इश्क़ मेरा भी अनकहा मैं ,
ठंड की धूप मे भिगोता हूँ ,
सुर्ख गालों को सहलाती धूप तुम्हें वो,
मेरा ही पैगाम दे जाती है ,

धूल मे समाहित अश्क तुम्हारे,
उड़ के गगन को छूते हैं ,
वीरह की बारिश बनकर वो,
मेरा अंतर्मन भीगोते हैं,

खामोश रातों की सलवटों मे,
आँहें तुम छुपाती हो ,
चाँद को ही आगोश मेले कर ,
गुमसुम सी सो जाती हो,

इक ख्वाब सुनहरा बनकर मैं,
तुम्हे तन्हा मिलने आता हूं,
सत्य है वो या मृगतृष्णा,
ये भ्रम समझ नहीं पाता हूं,

बन मेघ संवारे भादौ के,
कभी तुम भी मिलने आ जाओ,
और महक संवर कर फूलों सी,
मेरे अंतस में समा जाओ।

12.बचपन

याद आया वो घर मुझे,
बचपन जहां गुज़ारा था,
घर से कुछ ही दूरी पर,
इक दरख्त अनोखा था,

हवा मे झूमता खिलखिलाता,
आसमां तक वो पहुंचता था,
अंत उसका अनंत सा,
स्वर्ग का द्वार छूता था

कूद कर उस दरख्त के ऊपर,
मैं भी आसमां को छूता था,
शाखों पे उसकी झूला बांध,
सावन का आगमन बिहोता था,.

बारिश की बूंदों से भीगा मैं,
दरख्त का आलिंगन करता था,
फल उसकी शाखों से तोड़,
बेफिक्र छाँव में सोता था,

इक दरख़्त पुराना था यहीं-कहीं,
जहां चैन से मैं कभी सोया था,
इक खेत पुराना माली का,
जो खेत बेच कर रोया था,

वो खेत जहां कभी फसलें थी,
अब पत्थर का इक जंगल है,
काट फेंका है वो दरख़्त अनोखा,
हाँ, अब सबकुछ मंगल है,

सावन के झूले बिसरा चुके,
अब मुर्दे यहां परबसते हैं ,
बारिश कभी ना होने पर,
भगवान को ताने कसते हैं,

वो दरख़्त जो मेरा मित्र था,
इक ठूंठ अब उसका बाकी है,
मुझे याद दिलाता अल्हड़ की,
मेरे बचपन का ये साथी था|

13. खोज

आँख खुली तो मैंने पाया,
अंधी दौड़ की अंधी माया,
गर्द उड़ाते दौड़ते जाते,
मंज़िल का ना पता बताते,

मूँद के पलकें झाँकूं अन्तर,
दौड़ता रहता मन भी निरंतर,
गीता, वेद, पुराण विचारे,
अर्थ वे भी खो चुके हैं सारे,

घूमता जाता घड़ी का काँटा,
कहे समय है भाग्यविधाता,
काल परे पर बैठा जोगी,
सोचूँ मेरी दशा क्या होगी,

सोए हुए हैं ग्यानी सारे,
राह होश की कौन विचारे,
खोजूँ संत या खिद्र अनोखा,
होश का दाता कोई तो होगा?

मजनूँ बनूँ या बोधिसत्व,
सूझ ना आए क्या है तत्व,
ध्यान कमल की खोज अनादि,
मिले तुम्हें तो लिखना पार्त.

जीवन्मृत्यु चक्र सनातन-,
स्व का है ये प्रश्न पुरातन,
खोज निरंतर जारी है,
....

14. प्रेमपत्र

रात ये स्याह स्याही सी,
चांदनी के कागज़ पर,
सदियों मे इक कविता लिखती है
मैं वही कविता लाया हूँ

सोचा था कुछ शब्द चुनूं,
इन होठों पर इक नज़्म लिखूं,
पर शब्द वे सारे खो गए,
जब होठ वो मुझको छू गये,

तब फिर मैंने सहारा मांगा,
उस अल्हड़ चांदनी रात का,
उसने कहा कुछ देर से आना,
आखरी कुछ शब्द खोज के लाना,

सदियों से कविता लिखती हूँ
शब्द नए मैं बुनती हूँ,
प्रेम ये किंतु गहरा है,
शब्द तो सूखा सहरा हैं,

क्या लिखूं मैं अनकहे को,
शून्य से भरा वो प्रेम विराम है,
कभी आकाशगंगाओं को मिलते देखना
वही मेरे प्रेम का प्रत्यक्ष प्रमाण है,

फिर अधूरी कविता ही देकर मुझे,
रात सवेरा हो गई,
रोशनी के आगोश मे ही,
रात घनेरी खो गयी,

दे गई मुझे वो अर्थ यही,
की खोने मे ही पाना है,
शब्द नहीं पहुंचेंगे वहाँ,
बस मौन मे डूब के जाना है‌

15.सृजन

घने अँधेरे साये हैं,
आग लगाने आए हैं
ख्वाब इन्हें जलाने दो,
राख इन्हें उड़ाने दो,

तांडव अटल ये होना है,
बीज सृजन का बोना है,
फूल अभी मुरझाने दो,
सांझ अभी हो जाने दो,

रात घनेरी छाएगी,
सृष्टि ये खो जाएगी,
तुम मैं सब घुल जाएंगे,
जब शिव वो नृत्य दिखाएंगे

प्रेम परंतु राख से,
मृत्यु के भी पार से,
सदा तुम्हें पुकारेगा,
फिर सृष्टि वही सँवारेगा,

फिर सूर्य वही जलाएगा,
और फूल वही खिलाएगा,
कहलाएगा वह धर्म सनातन,
पर कोई समझ ना पाएगा,

बुद्ध कई फिर आएंगे ,
अर्थ वही समझाएंगे,
होश अटल दे जाएंगे,
ग्यान दिया जलाएंगे।

16. तूफ़ां

क्या तुम तूफ़ां समझ पाओगे,
जो दिल की गहराई से निकल कर,
मेरे अस्तित्व को समेट लेता है,
जब आगोश मे तुम लेते हो ,

खोए पंछी घर आ जाते हैं,
मंद हवा में बहते गाते,
जब सांझ तुम ले आते हो,
मेरी बाहों में सो जाते हो,

फिर तूफ़ां वो खो जाता है,
बस सन्नाटा रह जाता है,
मेरी साँसों से तेरी साँसों का,
इक नगमा सा बन जाता है,

वो लय मेरी बन जाती है,
तेरे होठों से जो आती है,
मेरे दिल के अथाह मे खो कर वो,
मुझे उस पार लेकर जाती है,

जहां कहते है कोई इश्क़ नहीं,
ना नाम वैर का होता है,
ना रूह की हस्ती होती है,
ना कोई सहारा होता है,

होता है बस होश वहाँ,
मौन सघन वो होता है,
यहीं कहीं सब कहते हैं,
वो भूला हुआ घर होता है।

17.प्रतीक्षा

आज थम गई ज़िंदगी ,
जब गौर किया मैंने ,
की पतझड़ तो आ चुका ,
पर तुम्हारा पैगाम नहीं आया,

शायद कहीं डाकिया ,
भूल गया हो घर मेरा ,
हो सकता है राह में हो ,
बस आने को ही हो जवाब तेरा ,

पर शाम ढल चुकी है ,
और दिया इक जलाना है,
अंधियारा ये घना है ,
तेरी राह भी सजाना है ,

ना जाने कब तुम आ जाओ ,
और समेट कर मुझे ले जाओ ,
जैसे लौ को शून्य ले जाता है ,
और सर्वस्व ही खो जाता है ,

ना आए पाती तो अच्छा है ,
बस तुम ही अब तो चले आओ ,
कयी सदियों की इस प्रतीक्षा का ,
अब अंत अनंत में कर जाओ |

18. विस्मृत

कभी देखा है उन दरख्तों को ,
जिनमे कीलें ठुकी होती हैं?
क्या वे कभी कराहते हैं?
अपने दिल की बात सुनाते है?

तुम कहोगे अरे क्या कहते हो ,
उनमें दिल कहीं कोई होता है ,
कभी छू कर उन्हे महसूस करो ,
इक खामोश दर्द वहाँ बहता है ,

सदियों पहले तुम्हें याद नहीं,
दरख्त तुम भी तो रहे होगे ,
कभी झाँक के देखो अंतस में ,
कितने अरमां तुमसे जुड़े होंगे ,

कई बैठे होंगे तुम्हारे साये में,
झूले सावन के लगाए होंगे,
कई पक्षियों ने घरौंदे सजासुहाने,
तुम्हारी शाखों से फल भी खाए होंगे,

तुम्हारी शाखों पर बच्चे सोए होंगे,
कई प्रेमी तुम्हारे साये में रोए होंगे,
प्रेम तुमने सभी पर बरसाया है,
तुम्हें बस याद नहीं....यही माया है,

याद करो उन लम्हों को,
जब प्रेम तुम्हारा निर्मल था,
दरख्त थे तुम कठोर बहुत ,
पर हृदय तुम्हारा कोमल था।

19.विरह

ये रेत का दरिया खामोश सा,
लिए इश्क़ तेरा फिरदौस सा,
वो गज़लें गुनगुनाता है,
जो फ़िज़ाओं को तुमने सुनायी थी,

तुम प्रेम सुहाना गाते थे,
और अश्रु बहते जाते थे,
फिर तपती रेत में गिरकर वो,
कहीं शून्य मे खो जाते थे,

तुम नाम पिया का गाते थे,
कभी गुमसुम भी हो जाते थे,
फिर गर्म हवा वो आती थी,
पैगाम दूर से लाती थी,

की नैन पिया के गीले है,
वो घाव अभी भी नीले है,
तुम पत्थर जब भी सहते हो,
तब तन्हा तुम नहीं होते हो,

वो भी पत्थर सी रहती है,
और राह तुम्हारी बिहोती है,
रेत समंदर के किनारे पर,
हर पल वो तन्हा रोती है,

तुम हवा सहरा की बन कर फिर,
कभी आरिज़ ही छू जाते थे,
वो गुमसुम सी रह जाती थी,
उस पवन में ही खो जाती थी,

फिर इक दिन वो आज़ाद हुई,
जिस्मानी कैद से पार हुई,
जो इश्क बसा था रूह में वो,
हो नश्वर बन कायनात हुई,

फिर दौड़ता दीवाना आया,
सैलाब इश्क का संग लाया,
पर देख मज़ार माशूक़ की,
वो पीड़ा अनंत ना सह पाया,

आहिस्ता जा लेता वो,
मज़ार लिपट कर फूलों पर,
वो महक गुलाब की हो गया,
संग लैला मजनू खो गया।

20. कसक

कुछ रह गया है हम दोनों में,
जो ख़ाक नहीं हुआ है,
उस कमसिन इश्क़ का समन्दर,
अभी राख़ नहीं हुआ है,

रंजिशें अभी तुम्हें,
और भी है मुझसे,
ये इश्क़ का हसीं कारवां,
अभी नापाक नहीं हुआ है,

कुछ ताने अभी भी बाकी हैं,
इक गाली जो दिल से आती है,
हम आँखों मे जो कहते हैं,
वो होठों पर आना बाकी है,

कह सुना कर ख़त्म करें ये,
ज़हर जो दिल मे घुलता है,
इश्क़ क्यूँ तेरा मेरा पावन,
मन जंगल में खोता है,

खोना तो हम दोनों को है,
इक दूजे के अंतस मे,
चल चले अब पार मुसाफ़िर,
उसी पुरानेमयकदे में|

21. इश्क़

चोट जो लगी है हृदय पर,
ज़ख़्म गहरा जाएगा,
ये वक़्त तुझे बेपरवाह,
इश्क़ करना सिखाएगा,

वो इश्क़ जो मीरा गाती है,
जो कृष्ण की धुन बन जाती है,
जो इश्क़ कबीरा धुनते हैं,
और राम चदरिया बुनते है,

मंसूर अनलहक कहते है,
वो इश्क़ जुनून में रहते हैं,
की अंग मुसलसल कटते हैं,
और वजू लहू से करते हैं,

वो इश्क़ तुझे भी हो जाए,
ये दुआ मेरी तू खो जाए,
ना नाम इश्क़ का याद रहे,
उस भाव से तू आबाद रहे।

22.पल

कभी सुकून से बैठेंगे ,
तो तुमसे कुछ कहूंगा ,
उस हसीं पल के बारे मे ,
जब पहली दफा तुम्हें देखा था ,

'चलतेचलते- ' रेडियो पर आया ही था ,
हवा ने तुम्हारी जुल्फों को उड़ाया ही था ,
शाम सुहानी वो ढलने को थी ,
गरम चाय की चुस्कियां चलने को थी ,

फिर पलट के तुमने देखा मुझे ,
जैसे सदियों पहले देखा था ,
तो समझ आया सूफी क्यूं ,
दरवेश बन समा करते है.

नज़र तुम्हारी मेरी रूह मे ,
झांकती कुछ खोजती ठहर गयी ,
समझ ना आया हम दोनों को ही ,
कब शाम आई कब सहर गयी ,

लगा के जैसे सदियों से ,
प्रेम तुमसे ही किए जाता हूँ ,
मुलाकात कुछ देर से हुई ,
पर गीत तुम्हारे ही गाता हूँ ,

कविताओं का मुझे अर्थ समझ आया,
प्रेम का पुराना दर्द समझ मे आया,
फिर दूर सहरा मे जा बैठा क़ैस सा मैं,
मेरी रूह को लैला का मर्ज़ समझ आया।

23. वसीयत

बुलाओ सभी को ,
की आज अद्भुत तमाशा है ,
मेरे सभी दिली अरमानों का,
आज इक खूबसूरत जनाज़ा है ,

गुलाबों से सजाया है ,
इत्र भी मंगवाया है ,
भूली बिसरी यादों का,
इक गुलदस्ता भी बनवाया है,

कब्र तो कबसे खोद चुका ,
बस मिट्टी ढूंढना बाकी है,
वो मिट्टी जिसमे अरमान घुले,
और बीज लिए खड़ा मेरा साकी है ,

बीज ये मेरे अरमान लिए,
उस मिट्टी के आगोश में बर्बाद हो ,
के जिस से दरख्त-ए-कल्प निकले ,
और ख्वाब सबके अनंत आबाद हों|

24. सफर

ये शाम जल्दी क्यूँ ढल जाती है ,
जो रेशमी गुलाब सी महकती है ,
इक सुकून लेकर आती है ,
और गीत पुराना गाती है ,

खोयी यादों की पोटली बांधे,
मैं हर रोज़ सफ़र पर जाता हूँ ,
पर जब शाम सुहानी आती है ,
मैं बीच राह थम खो जाता हूँ ,

क्या आज वो शाम फिर आएगी ,
जब सामने तुम आ जाओगे,
और बादलों के कयी रंग लिए,
मेरा जीवन फिर से संवारोगे ,

कुछ देर ये शाम महकती है ,
मैं मौन विलोकन करता हूं,
दूर क्षितिज से आती किरणों से ,
मैं रोज़ गुफ्तगू करता हूँ ,

किरणें सूर्य की बताती है ,
की राह चलते ही दीदार होगा ,
जिसे खोजता हूं मैं क्षितिज परे ,
कल रूबरू मुझसे वही यार होगा ,

फिर चल पड़ता हूं मैं पोटली लिए ,
की पिया से कल मुलाकात है,
कयी सदियाँ ज़रूर है बीत चुकी ,
मेरा प्रेम पिया को याद है|

फिर चल पड़ता हूं मैं पोटली लिए ,
की पिया से कल मुलाकात है,
कयी सदियाँ ज़रूर है बीत चुकी ,
मेरा प्रेम पिया को याद है|

25. तृष्णा

ये जीवन इक दावानल है,
जहां स्वप्न सुनहरे जलते है,
लपटों से आलिंगन करते,
धुआं-धुआं जो होते हैं ,

क्या तुम तक ये ले आते है ,
कुछ सोच मेरी कुछ आस,
जब रातों मे मैं रोया था,
वो सिसकी वाली साँस,

क्या तुम तक फिर पहुँचती है,
मेरे हृदय की अंतिम बात,
की दुख का कारण ना बनूँ
कुछ चैन रहे दिन रात,

हर रोज़ खफा मैं करता हूँ,
मेरा होता है उपहास,
कई ज़ख्म हरे ही रहते है ,
ना किसी को है आभास,

अब लगता है कि अंत करूँ,
इस मृत जीवन का आज,
पर हर दम ही आ जाती है,
वो प्रेम की अंतिम रात,

वो रात चांदनी लाती है,
उम्मीद इक नयी जगाती है,
और दूर कही ले जाकर वो,
कई स्वप्न सुनहरे सजाती है,

मैं फिर मन को समझाता हूँ,
दरिया इश्क़ां खो जाता हूँ
सब भूल कर उसकी बाहों में,
मैं चैन से रोज़ सो जाता हूँ,

फिर स्वप्न सुनहरे खोने को,
और याद पुरानी रोने को,
मैं फिर मजनूं बन जाता हूँ,
महताब में गुम हो जाता हूं‌

26.यात्रा

अंतिम शाम का ढलता सूरज,
रात नयी ले आएगा,
मेरी खोई कविता की इक,
पंक्ति नई बन जाएगा,

पर क्या मैं वो लिख पाऊंगा,
जो हृदय में मेरे दहकता है,
की सत्य की खोज अधूरी है,
और मन अब भी बहकता है,

ये नकाब जो मैं उठाता हूँ,
तो पीड़ पुरानी बहती है,
जन्मों की वो यादें अनंत,
फिर बाढ़ सी मुझ पर गिरती है,

इस बाढ़ में अब बह जाना है,
कहीं गहरे डूब मिटाना है,
इस होने की मृगतृष्णा को,
इक चिता सजा खो जाना है,

इस रात सुबह जब आएगी,
कुछ धुंध घनेरी लाएगी,
फिर मखमल सूर्य की किरणों से,
आगोश मुझे भर जाएगी,

मैं धुंध में गुम हो जाऊंगा ,
और किरणों संग उसे पाऊंगा ,
वहीं घुल मिलकर उस सुबह में,
मैं 'मैं' नहीं रह जाऊंगा|

27. क्या हो?

क्या हो, जब रूह के साहिल पर इक कोहराम हो?
दुनिया सतत तिरोहित हो ,
शून्य एक विराम हो ,

घनघोर तूफ़ान हृदय में उठे ,
यात्रा अंतर्मन कि दुर्दांत हो ,
दृष्टा साक्षी तब बने ,
जब मौन गहन अगाध हो ,

अंत क्या होता है ,
साँसें ही तो रुकती है ,
जीवन के उस पार परा में ,
सघन चेतना बहती है ,

कभी पंछी बन वो उड़ती है ,
कभी नदिया बन वो बहती है ,
कहीं मौन बुद्ध का बनकर वो ,
महाकाश्यप को भिगोती है ,

कभी रुमी की कविताओं में ,
कहीं ओशो की हर वाणी में ,
अव्यक्त से व्यक्त होती हुई,
हर अंतर्मन में उतरती है ,

हर खोज उसी की होती है ,
हर ध्यान उसी का होता है ,
हो जाने या अनजाने में ,
ये प्रेम उसी से होता है|

28. स्वीकार

फूल रहे अब डाली पर ,
या पैरों तले कुचल जाएं ,
ना दृष्टी है अब ना विकार है ,
मुझे सर्व स्वीकार है ,

जीवन प्रस्तुत जो भी कृत्य हो ,
या चिता की लपटों का भयावह नृत्य हो,
मेरी रूह अब परे संस्कार है ,
मुझे सर्व स्वीकार है ,

सुख की ठंडी बयार चले ,
या दुख की घनघोर आंधी ,
मेरी रूह अब शून्य के पार है ,
मुझे सर्व स्वीकार है ,

जीवन युक्त या जीवन मुक्त,
जो चाहे अब राह बने ,
पूर्ण समर्पण अपार है ,
मुझे सर्व स्वीकार है|

29.मुक्ति

ये जो दुःख मैं अन्दर सम्हाले बैठा हूं ,
ना जाने क्यों इस बांध के किनारे बैठा हूं ,
आ गया है वक़्त अब जब सब भूल खो जाने का ,
मैं क्यूं यहां वही पुरानी कश्ती निकाले बैठा हूं ,

संभवतः बांध टूटना निश्चित है ,
मेरा हृदय जो प्रेम से वंचित है ,
वो प्रेम जो बाढ़ बन बहता है ,
मेरा हृदय ही मुझसे कहता है,

विध्वंस करो इस बांध का ,
ना भय करो परिणाम का ,
तुम राख संजोए बैठे हो ,
अब दहन करो अभिमान का ,

वो बांध अंततःटूट गया ,
सैलाब में मैं फिर डूब गया ,
अब नदिया संग मैं बहता हूं ,
हर क्षण विस्मय में जीता हूं,

अब पंछी संग कभी उड़ता हुआ ,
कभी ठंडी पवन बन बहता हूं ,
ना ओर मेरा ना छोर मेरा ,
अब सर्वस्व ही बनमैं हूं तेरा।

30. राह

कई राहों में एक राह,
अब कैसे हो ये ज्ञान,
कौन राह मेरी जो ले आए,
शून्य शाश्वत विराम,

कोई प्रेम कहे कोई ध्यान कहे,
कोई योग कहे कोई ज्ञान,
पर अन्तर्दृष्टि जाने है,
हर आयोजन का नाम,

ना कर्म करे, ना सोच करे,
ना भाव करे उद्धार,
वो त्रिगुणात्मक पार का,
कुछ अद्भुत है विस्तार।

31.प्रतिक्षा

तू होती तो ये शाम ,
ये सूर्यास्त के बिखरे रंग ,
और उसमे झलकती महीन किरणे,
इक गहन उमंग समेटे होती ,
तू होती तो ,

तेरी मुस्कुराहटसे ये बिखरे रंग ,
संवर कर इक चित्र बना देते ,
भले इक पल के लिए आसमां में,
तेरे इश्क़ की गूंज घेर लेती अस्तित्व को ,

पर तू अस्तित्व में ही गुम है ,
मुझे छोड़ यहां मुस्कुराती उन बादलों में,
और मैं यहां अवाक सा ,
भादों के मेघो में तुझे खोजता ,

तू होती तो मुझ पर बरस पड़ती ,
जैसे बंजर धरा पर मेघ बरसते है ,
और उस गीली माटी की महक सा,
मेरा जीवन भी महक उठता ,

तू है मुझे यकीं है ,
प्रतीक्षारत बाहें फैलाए ,
मुझे समा जाने के लिए,
मेरे अंतर्मन के परे कहीं ।

32. ध्यान

ध्यान मुक्ति देता है,
प्रेम से घृणा से,
सुख और दुख से,
लोलुपता के जाल से,
जीवन क्या है? इस सवाल से,

ध्यान मुक्ति देता है,
रस से वैराग्य से,
हर्ष से विषाद से,
कल की मृगतृष्णा से,
मोक्ष के जंजाल से,

ध्यान पार कराता है,
इस नश्वर संसार से,
ले जाता है अनंत में,
शिवा-शक्ति के ध्यान में,

ध्यान धर्म सिखाता है,
जीवन का अर्थ बनाता है,
ध्यान वही सिखाते है,
जो मृत्यु परे हो जाते है|

33.जागृति

अर्थ इस निरर्थ ज़िंदगी में कुछ तो आ भरे ,
मौत से भी पहले मोक्ष हो ये कामना करे,
कह रहा है दूर क्षितिज पर खड़ा वो भैरवा ,
काल को भी काट दे वो ध्यान तू क्यों ना करे?

काम की ये कामना घुली हुई है इस कदर,
खाक होती लाश भी न होश में ला पाएगी ,
मृत्यु ही क्या अब मुझे ये ज्ञान देके जाएगी,
हो सकूं अद्वैत जल्द कब घड़ी वो आएगी ,

जिस्म के भी पार इक अनंत हैविशाल सा ,
नाश मैं का कर सकूं अब कब समझ वो आएगी,
हो निशक्त और अशक्त ही क्या मेरी दुर्गति,
ॐ की हुंकार मेरी आत्मा से आएगी,

भय मृत्यु का नहीं ना भय शून्य का रहा,
शून्य में ही कर गति ये मेरी प्रार्थना करूं ,
नाम राम का अनादि नाद क्या समझ सकूं
परे समझ ये बात है अब मौन ही पर्याप्त है|

34. वेदना

रूदन वेदना के अस्तित्व का अंत नहीं,
रूदन इक नाकामयाब कोशिश बन रह जाता है
अस्तित्व से परे होने की पीड़ा परे जाने का,
दर्द कहां निकल पाता है,

अधूरे प्रेम की पीड़ा से सराबोर हृदय,
अध्यात्म कहां समझ पाता है
वक्त बीतते ही धीमे धीमे ,
माया का रंग उभर आता है,

की खेल खिलौने रोने के,
भवसागर पार होने के,
कायनात क्या खेल रचाती है,
क्यूं मौत नहीं आ जाती है,

क्यूं दुःख का जीवन सहना है
क्यूं प्रेम की पीड़ा जीना है,
पर यही तो अंतिम पाठ है ,
की प्रेम अंधेरी रात है,

वो रात घनी अमावस की,
सर्वस्व शून्य शिव ध्यान सी,
ये रात ही वो कालरात्र है,
जो सृजन का मूलाधार है,

ये प्रेम वहीं पनपता है ,
जहां फूल सुवास बहाते है,
बिन सोचे ही ना जाने कुछ,
वो प्रेम यूं ही बरसातें है,

तो पुष्प हम भी बन जाएं,
और कृष्ण चरणों में चढ़ जाएं,
प्रेम वहीं अगाध है ,
स्वयं को अर्पण करना ही पर्याप्त है

35.विदा

जब नैन मिले तो प्रीत खिले,
तुम नैन नहीं तो प्रीत नहीं,
जब सांझ ढले तब राह तकूं,
तुम साथ नहीं तो राह नहीं,

मैं शोर घना तुम नाद परम,
जो नाद नहीं तो साज़ नहीं,
तुम लय मधुर मुस्कान पिए,
तुम श्वास बसी तुम प्राणमयी,

घनघोर घटा तुम चंद्र हसीं,
नभ नील तले गुलमोहर सी,
मैं बंजर सा तुम भादौ सी,
हो ज्ञान चराचर सार तुम्हीं,

स्वर सृजन बांसुरी होठों पर,
वो शून्य सृजित संगीत तुम्हीं,
लो आज समर्पित करता हूं,
संगीतमई मेरे प्राण यहीं,

जो तुम बिन हो वो रास नहीं,
लो है समर्पित साज़ यहीं,
इस अंतिम मेल का मौन अनंत,
है भाव अथाह, पर बात नहीं,

हे राधे तुम तो प्रेमल हो ,
मेरे ध्यान का हो विस्तार तुम्हीं,
ये विदा तो बस इक लीला है,
आरंभ तुम्हीं, हो शेष तुम्हीं।

लेखक परिचय

अनुराग परिहार - जन्म 15 मई 1990 उज्जैन, महाकाल की नगरी में निवास एवं वर्तमान में इंदौर में कार्यरत है। लघु कथा रचना "शाश्वत" अखिल भारतीय प्रतियोगिता में द्वितीय स्थान पर चयनित हो प्रकाशित हो चुकी है। लेखक की ज़्यादातर रचनाएं आध्यात्मिक अंतर्भाव से प्रेरित है, ओशो का प्रभाव लेखक के जीवन पर बचपन से रहा है और निरंतर स्वयं की खोज में कविताएं लिखने एवं कला साधना में डूबे रहते है।

संपर्क- parihar.anu15@gmail.com